Dieses Buch gehört:

_____

_____

Zwergenstübchen

Zwergenstübchen

NUDELZAUBER

Kaufmann Verlag

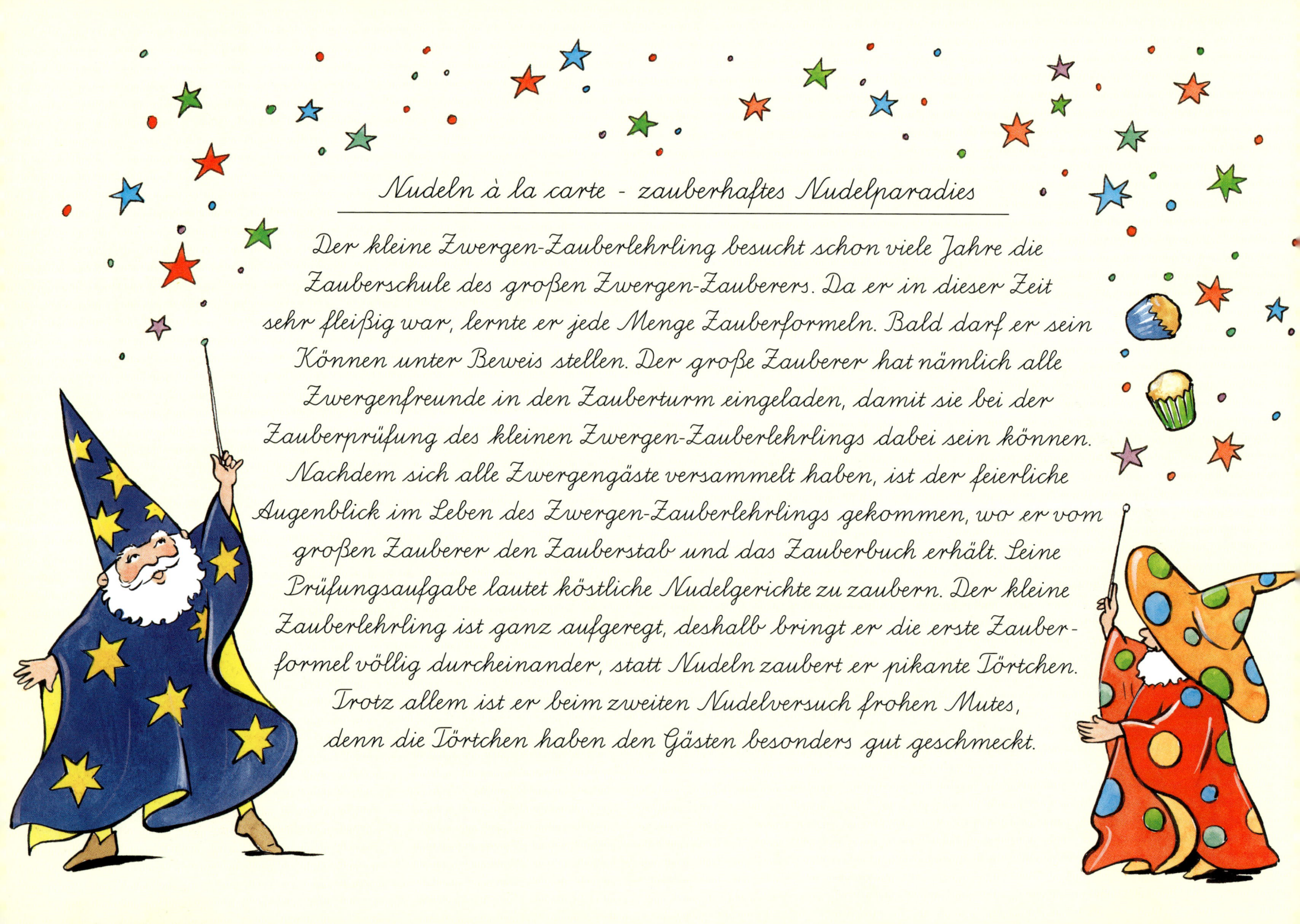

Nudeln à la carte - zauberhaftes Nudelparadies

Der kleine Zwergen-Zauberlehrling besucht schon viele Jahre die Zauberschule des großen Zwergen-Zauberers. Da er in dieser Zeit sehr fleißig war, lernte er jede Menge Zauberformeln. Bald darf er sein Können unter Beweis stellen. Der große Zauberer hat nämlich alle Zwergenfreunde in den Zauberturm eingeladen, damit sie bei der Zauberprüfung des kleinen Zwergen-Zauberlehrlings dabei sein können. Nachdem sich alle Zwergengäste versammelt haben, ist der feierliche Augenblick im Leben des Zwergen-Zauberlehrlings gekommen, wo er vom großen Zauberer den Zauberstab und das Zauberbuch erhält. Seine Prüfungsaufgabe lautet köstliche Nudelgerichte zu zaubern. Der kleine Zauberlehrling ist ganz aufgeregt, deshalb bringt er die erste Zauber-formel völlig durcheinander, statt Nudeln zaubert er pikante Törtchen. Trotz allem ist er beim zweiten Nudelversuch frohen Mutes, denn die Törtchen haben den Gästen besonders gut geschmeckt.

Er spricht die nächste Zauberformel und was sehen wir als Nudelgericht?
Eine prachtvolle Spaghetti-Torte. Da staunt die Zwergenschar was er nun
fertig gebracht hat, am meisten wohl der Zauberlehrling selbst, denn was sind
das für Spaghettis? Alles Sahne! Das Herzklopfen des kleinen Zauberlehrlings
wird immer größer, deshalb unterstützt ihn die Zwergenschar kräftig und
steht ihm beim dritten Zauberversuch ganz fest bei. Die Zwerge strahlen,
der Zauberlehrling hat es geschafft, die süßen Zauber-Nudeln sind gelungen.
Überglücklich ist der große Zwergen-Zauberer, daß sein Lehrling die Zauberprüfung bestanden hat. Jetzt kann es losgehen mit den Nudelzaubereien des
kleinen Zwergen-Zauberers. Eifrig helfen ihm dabei die Zwerge, so daß alle
unsere Zwergenstübchen-Freunde ebenfalls zauberhafte Nudelgerichte
genießen können. Freuen Sie sich nun auf die feinen Nudelrezepte
in Nudeln à la carte - dem zauberhaften Nudelparadies.

Elke und Timo

Schuster

TOMATEN-SPINAT-NUDELN

Zutaten:

250 g Bandnudeln
1 Zwiebel
etwas Öl
450 g Blattspinat
100 g Parmesankäse
500 g Tomaten
$1/2$ Becher Crème fraîche
etwas Salz und Pfeffer

Zubereitung:

Nudeln kochen. Feingehackte Zwiebel in etwas Öl andünsten, den zuvor blanchierten Spinat dazugeben mit Salz und Pfeffer würzen. Die Hälfte der Nudeln in eine gefettete Auflaufform füllen, darauf den Spinat verteilen, anschließend Käse und als letzte Schicht die restlichen Nudeln. Danach Tomaten klein würfeln, Crème fraîche unterziehen, ebenfalls mit Salz und Pfeffer abschmecken, über die Nudeln geben. Im vorgeheizten Backofen bei 220 Grad ca. 25 Minuten überbacken.

Hier wohnt
der grosse
Zwergen-
Zauberer

NUDELN FÜR ZWERGENFREUNDE

8

Zutaten:

400 g Nudeln

1 Zwiebel

etwas Olivenöl

2 Zucchini

4 Tomaten

etwas Salz, Pfeffer

und Basilikum

250 g Mozzarella-Käse

1/4 Bund Petersilie

Zubereitung:

Die Nudeln kochen. Feingehackte Zwiebel in heißem Öl
andünsten, Zucchinischeiben
dazugeben, beidseitig kurz
anbraten. Kleingeschnittene
Tomaten zufügen mit Salz,
Pfeffer und Basilikum würzen.
Anschließend die Nudeln
untermischen.

Alles in eine gefettete Auflaufform füllen, Mozzarella-
Scheiben darauf verteilen. Im
vorgeheizten Backofen bei
200 Grad ca. 20 Minuten überbacken. Vor dem Servieren
gehackte Petersilie darüberstreuen. Nun können sich alle
Zwergenfreunde dieses leckere
Nudelgericht schmecken
lassen.

HIER WOHNT
DER GROSSE
ZWERGEN-
ZAUBERER

PILZNUDELN

Zutaten:

300 g Schmetterlingsnudeln

300 g Champignons

etwas Öl

etwas Salz und Pfeffer

2 Eßlöffel Parmesankäse

Zubereitung:

Schmetterlingsnudeln kochen. Blättrig geschnittene Champignons in heißem Öl kurz dünsten. Die abgetropften Nudeln dazugeben, mit Salz und Pfeffer abschmecken, gut umrühren. Zum Schluß den Parmesankäse darüberstreuen.

Pikante Törtchen

Zutaten:

100 g Butter, 1 Ei, 200 g geriebener Hartkäse, 200 g Mehl,
1 Päckchen Backpulver, 1 Teelöffel Salz,
2 Teelöffel Paprika oder 2 Teelöffel Kümmel

Zubereitung:

Butter und Ei schaumig schlagen. Danach den Käse einrühren.
Mehl mit Backpulver vermischt sowie Salz, Paprika oder
Kümmel untermengen.
Den Teig in Papierbackförmchen füllen.
Im vorgeheizten Backofen
bei 180 Grad ca. 20 Minuten backen.
Die Törtchen sollten warm gegessen werden.

SPAGHETTI-TORTE

Zutaten:

Teig:

3 Eigelb

1 Eßlöffel lauwarmes Wasser

100 g Puderzucker

1 Eßlöffel Essig

2 Eßlöffel Öl

3 Eiweiß

70 g Mehl

1 Teelöffel Backpulver

30 g Speisestärke

Belag:

2 Becher Frischkäse

1 Becher süße Sahne

1 Päckchen Sahnesteif

2 Eßlöffel Zucker

2 Päckchen Vanillezucker

Spaghetti mit Tomatensoße und Parmesan:

1 Becher süße Sahne

1 Päckchen Vanillezucker

2 Päckchen Sahnesteif

gelbe Speisefarbe

Himbeersoße

abgezogene, gemahlene Mandeln

Zubereitung:

Eigelb, Wasser, Puderzucker schaumig schlagen. Essig sowie nach und nach Öl einrühren. Den Eischnee auf die Creme geben, darüber das mit Backpulver und Speisestärke vermischte Mehl sieben, vorsichtig unterziehen. Den Teig in eine mit Pergamentpapier ausgelegte Springform füllen.

Im vorgeheizten Backofen bei 175 Grad ca. 25 Minuten backen. Den Biskuit zum Auskühlen auf ein Kuchengitter legen, danach das Pergamentpapier abziehen. Für den Belag alle Zutaten zu einer Creme rühren, auf den Tortenboden streichen (vorher Tortenring umlegen).

Zur Spaghetti-Herstellung: Sahne, Vanillezucker, Sahnesteif, etwas gelbe Speisefarbe ganz steif schlagen. Sahne in die Spätzlespresse geben, als Spaghetti auf die Frischkäsecreme drücken. Himbeersoße darübergießen und mit den Mandeln bestreuen.

SÜSSE ZAUBER-NUDELN

Zutaten:

250 g Bandnudeln

4 Eigelb

3 Eßlöffel Zucker

100 g Butter

200 g Quark

$\frac{1}{2}$ Becher saure Sahne

50 g gemahlene Mandeln

4 Eiweiß

etwas Butter

Zubereitung:

Nudeln kochen, abkühlen lassen. Eigelb schaumig schlagen, löffelweise Zucker dazugeben, gut rühren. Anschließend zerlassene Butter, Quark, Sahne einrühren. Die Nudeln mit der cremigen Masse und einem Teil der Mandeln vermischen. Danach den Eischnee unterziehen. Eine gefettete Auflaufform mit den restlichen Mandeln ausstreuen, die süßen Nudeln einfüllen, Butterflöckchen darauf verteilen. Im vorgeheizten Backofen bei 180 Grad ca. 45 Minuten backen. Die Zauber-Nudeln warm servieren. Zu diesen schmeckt besonders gut Apfelmus.

FEINER ZAUBER-KUCHEN

Zutaten:

250 g Bandnudeln

50 g Butter

4 Eigelb

3 Eßlöffel Zucker

1 Päckchen Vanillezucker

4 Eßlöffel Rosinen

$1/8$ l Milch

4 Eßlöffel süße Sahne

4 Eiweiß

Zubereitung:

Nudeln kochen, abkühlen lassen. Butter schaumig schlagen, abwechselnd Eigelb, Zucker, Vanillezucker dazugeben, gut rühren. Anschließend mit den Nudeln vermischen. Die Rosinen, Milch sowie Sahne einrühren. Das steif geschlagene Eiweiß unterziehen. Eine Kastenform mit Alufolie auslegen und diese ganz einfetten. Die Nudelmasse einfüllen, glattstreichen. Im vorgeheizten Backofen bei 180 Grad etwa 1 Stunde backen. Vor dem Stürzen noch einige Minuten in der Form lassen, danach die Folie abziehen. Der feine Zauber-Kuchen schmeckt warm am besten.

NUDELTEIG

Zutaten:

300 g Mehl

3 Eier

etwas Salz

einige Öl-Tröpfchen

1 Messerspitze Safran

1-2 Teelöffel Paprikapulver

1-2 Teelöffel feingehackte

Kräuter

Zubereitung:

Mehl, Eier, Salz, Öl zu einem glatten Teig kneten. Anschliessend wird er verschieden eingefärbt. Den Teig zuerst in drei gleich große Kugeln formen. Diese mit einem Küchentuch abdecken, da Nudelteig sehr schnell austrocknet.

GELBER NUDELTEIG:

In die erste Teigkugel etwas Safran kneten. Der Nudelteig bekommt dadurch eine intensivere Gelbfarbe.

ROTER NUDELTEIG:

Paprikapulver in die zweite Teigkugel kneten.

GRÜNER NUDELTEIG:

In die dritte Teigkugel feingehackte Kräuter kneten.

Die Nudeln schmecken besonders gut, wenn man bei der Teigherstellung verschiedene Kräuter vermischt und in den Teig einarbeitet. Als Kräuter eignen sich z.B. Petersilie, Schnittlauch, Zitronenmelisse, Liebstöckl, Thymian, Rosmarin.

Für die bunten Nudelsuppen-Rezepte die Teigkugeln entsprechend weiterverarbeiten.

BUNTE PLÄTZCHEN-NUDELSUPPE

Zutaten:
1 gelbe Teigkugel
1 rote Teigkugel
1 grüne Teigkugel

2 l Gemüse- oder
Fleischbrühe
ca. 200 g Nudeln

Zubereitung:
Die gelbe Teigkugel auf einer
bemehlten Arbeitsfläche ganz
dünn auswellen.

Mit kleinen Förmchen
Nudelplätzchen ausstechen
und auf ein Küchentuch zum
Trocknen legen. Die beiden
anderen Teigkugeln genauso
verarbeiten. Schon einen Tag
später können die bunten
Nudeln als Suppeneinlage
verwendet werden. Hierzu
die Nudelplätzchen in die
kochende Gemüse- oder
Fleischbrühe geben. Einige
Minuten (bis sie weich sind)
kochen lassen.

BUNTE ZUPF-NUDELSUPPE

Eine Variante der Plätzchen-
Nudelsuppe ist die bunte
Zupf-Nudelsuppe. Die Zu-
taten sind dieselben nur mit
dem Unterschied, daß keine
Plätzchen ausgestochen, son-
dern kleine Stückchen vom
dünn ausgewellten Teig mit
Daumen und Zeigefinger ab-
gezupft werden.

Für beide Suppenrezepte
benötigt man nicht alle ge-
trockneten Nudeln. Die restlichen Plätzchen- und Zupf-
nudeln, in Gläsern aufbe-
wahrt, eignen sich gut für
die Vorratshaltung.

ZWERGIG-GUTER NUDELAUFLAUF

Zutaten:

250 g Nudeln

1 Zwiebel

etwas Öl

300 g Champignons

100 g Schinkenwurst

100 g geriebener Hartkäse

1 Bund Petersilie

1/2 Becher Crème fraîche

etwas Salz, Pfeffer

und Paprika

2 Eier

4 Eßlöffel Milch

Zubereitung:

Die Nudeln kochen. Feingehackte Zwiebel in heißem Öl andünsten. Blättrig geschnittene Champignons dazugeben und einige Minuten mitdünsten. Anschließend kleingewürfelte Schinkenwurst, Käse, gehackte Petersilie sowie Crème fraîche einrühren. Mit Salz, Pfeffer, Paprika würzen. Abgetropfte Nudeln in eine gefettete Auflaufform füllen, die fertig zubereitete Champignon-Käsemasse untermischen. Eier, Milch, Salz und Pfeffer verquirlen, über den Auflauf gießen. Im vorgeheizten Backofen bei 200 Grad ca. 30 Minuten überbacken.

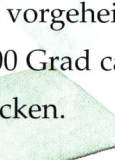

Pikante Nudeln

Zutaten:

400 g Nudeln, 250 g Gorgonzola-Käse, 30 g Butter,
1/4 Becher süße Sahne, 50 g Parmesankäse

Zubereitung:

Nudeln kochen. In der Zwischenzeit die Käsesoße zubereiten.
Für diese Gorgonzola mit einer Gabel zerdrücken,
in die geschmolzene Butter geben
und mit der Sahne zu einer Soße rühren (nicht kochen).
Die abgetropften Nudeln in eine vorgewärmte Schüssel füllen,
Parmesan untermischen, Gorgonzola-Soße darübergießen
und heiß servieren.

GELB-ROTE VARIATION

Zutaten:

1 Zwiebel

etwas Olivenöl

500 g Tomaten

1/8 l Gemüsebrühe

etwas Salz, Pfeffer,

Basilikum und Oregano

200 g Salami

250 g Makkaroni

50 g Parmesankäse

Zubereitung:

Feingehackte Zwiebel in Olivenöl glasig dünsten. Klcingewürfelte Tomaten sowie Gemüsebrühe dazugeben, mit den Gewürzen abschmekken. Die Soße unter Rühren einkochen lassen. Zum Schluß würfelig geschnittene Salami hineingeben. In der Zwischenzeit Makkaroni kochen.

Anschließend in einer Schüssel den Parmesankäse unter die abgetropften, noch heißen Makkaroni mischen, Tomaten-Salamisoße darübergießen.

BUNTE VARIATION

Zutaten:

Je 1 rote, gelbe, grüne

Paprikaschote

2 Tomaten

300 g Champignons

etwas Olivenöl

1 Becher Crème fraîche

etwas Salz, Pfeffer und

Paprika

250 g Nudeln

Zubereitung:

Paprikaschoten in Streifen, Tomaten würfelig, Champignons blättrig schneiden. Olivenöl erhitzen, Gemüse dazugeben und kurz dünsten. Crème fraîche unterrühren, mit den Gewürzen abschmekken. Bei mäßiger Hitze noch etwas köcheln lassen. In der Zwischenzeit Nudeln kochen. Nach dem Abtropfen die heißen Nudeln und das Gemüse vermischen.

TOMATEN-NUDEL-QUICHE

Zutaten:

Teig:

200 g Mehl

1 Ei

1 Eßlöffel Wasser

1/2 Teelöffel Salz

150 g Butter

Belag:

200 g Hörnchennudeln

3 Tomaten

125 g gekochten Schinken

1/2 Becher Crème fraîche

100 g geriebener Hartkäse

etwas Salz, Pfeffer und

Majoran

Zubereitung:

Für den Teig Mehl auf eine
Arbeitsfläche sieben. In die
Mitte eine Vertiefung drücken.
Ei, Wasser, Salz hineingeben,
mit etwas Mehl verrühren.

Auf den Mehlrand die kalte,
kleingeschnittene Butter legen,
alles zu einem glatten Teig zu-
sammenkneten. Diesen zugedeckt etwa 1 Stunde kaltstellen.
In der Zwischenzeit den Belag
zubereiten. Die Nudeln
kochen, danach abtropfen lassen. Tomaten kleinwürfelig
sowie den Schinken in kurze
Streifen schneiden, zu den
Nudeln geben. Crème fraîche,
Käse und Gewürze verrühren,
unter die Tomaten-Schinken-
Nudeln mischen. Den Teig auf
einer bemehlten Arbeitsfläche
auswellen, in eine gefettete
Quiche-Form legen. Die
Nudelmasse einfüllen, gleichmäßig auf dem Teigboden
verteilen. Im vorgeheizten
Backofen bei 180 Grad etwa
45 Minuten backen.

SCHNELLE NUDELN

Zutaten:

250 g Nudeln

300 g Hackfleisch

1 Zwiebel

etwas Öl

2 Eßlöffel Tomatenmark

1 Paprikaschote

1/2 l Gemüsebrühe

etwas Salz, Pfeffer

und Oregano

Zubereitung:

Nudeln kochen. Währenddessen die Hackfleischsoße zubereiten. Hackfleisch und kleingehackte Zwiebel in heißem Öl anbraten. Tomatenmark sowie Paprikastreifen dazugeben. Mit Gemüsebrühe ablöschen, würzen, ca. 5 Minuten köcheln lassen. Danach die abgetropften, heißen Nudeln untermischen.

Lauchnudeln

250 g Bandnudeln kochen.

750 g Lauch in Ringe schneiden, in etwas Wasser kurz dünsten, mit Salz, Pfeffer, Curry würzen.

Die abgetropften Nudeln, 1/2 Becher süße Sahne, 100 g geriebener Hartkäse unter den Lauch mischen.

Alles in eine gefettete Auflaufform geben.

50 g Hartkäse darüberstreuen.

Im vorgeheizten Backofen bei 180 Grad ca. 10 Minuten überbacken.

ZWERGEN-NUDEL-ROLLEN

Zutaten:

12 Lasagne-Platten

1 Zwiebel

250 g Hackfleisch

etwas Öl

200 g Champignons

1 kg Blattspinat

etwas Salz, Pfeffer und
geriebene Muskatnuß

etwas Butter

2 Eßlöffel Mehl

$1/4$ l Gemüsebrühe

$1/8$ l süße Sahne

100 g Parmesankäse

etwas Salz und Pfeffer

Zubereitung:

Lasagne-Platten wie Nudeln kochen. Diese nach dem Abtropfen einzeln auf einem Tuch trocknen lassen. Feinge-hackte Zwiebel sowie Hack-fleisch (mit der Gabel zerklei-nern) in heißem Öl anbraten. Blättrig geschnittene Cham-pignons und etwa $1/3$ des blanchierten Spinats kurz mit-dünsten, gut würzen.

Eine gefettete Auflaufform mit dem restlichen Spinat auslegen, etwas Salz, Pfeffer, Muskatnuß darüberstreuen. Jede Lasagne-Platte aufrollen, Spinat-Champignon-Hack-fleischmasse einfüllen. Alle Rollen auf das Spinatbett geben. Zum Schluß die Soße zubereiten. In die geschmol-zene Butter das Mehl ein-rühren.

Danach mit der Gemüsebrühe ablöschen, einige Minuten kochen lassen. Sahne und die Hälfte des Parmesankäses unterrühren, würzen. Die etwas abgekühlte Soße über den Nudelrollen verteilen, darauf restlichen Parmesan-käse streuen. Im vorgeheizten Backofen bei 200 Grad etwa 30 Minuten überbacken.

THUNFISCH-NUDEL-PIZZA

Zutaten:

Teig:

¹/₂ Würfel Hefe

¹/₄ Teelöffel Zucker

¹/₈ l lauwarmes Wasser

200 g Mehl

¹/₂ Teelöffel Kräutersalz

1 Eßlöffel Olivenöl

Belag:

250 g kleine, bunte
Muschelnudeln

1 Dose Thunfisch

250 g Pilze

150 g geriebener Hartkäse

1 Becher Crème fraîche

etwas Salz, Pfeffer und
Pizzagewürz

Zubereitung:

Für den Teig Hefe und
Zucker in Wasser auflösen,
15 Minuten gehen lassen.

Das Mehl in eine Schüssel
sieben, Salz, Öl, Hefewasser
dazugeben. Alles zu einem
glatten Teig kneten, zugedeckt etwa 30 Minuten gehen
lassen (bis er sich verdoppelt
hat). Während dieser Zeit den
Belag zubereiten. Nudeln
kochen, abtropfen lassen.
Thunfisch sowie Pilze kleinschneiden. Anschließend
Nudeln, Thunfisch, Pilze,
100 g Käse, Crème fraîche,
etwas Salz und Pfeffer vermischen. Nun den Teig kurz
durchkneten, auswellen, eine
gefettete Kuchenform damit
auslegen. Die Nudelmasse auf
den Teigboden geben, restlichen Käse sowie Pizzagewürz
darüberstreuen. Im vorge-
heizten Backofen bei 220 Grad
ca. 30 Minuten backen.

Thunfisch-Nudeln

Zutaten:

2 Dosen Thunfisch, 2 Zwiebeln, 3 Tomaten, $1/8$ l Gemüsebrühe, 2 Eßlöffel Tomatenmark, etwas Salz, Pfeffer, Paprika, Basilikum und Thymian, 300 g Nudeln

Zubereitung:

Thunfischöl erhitzen, darin die feingehackten Zwiebeln glasig dünsten. Gewürfelte Tomaten zugeben, mitdünsten. Gemüsebrühe und Tomatenmark einrühren, würzen. Bei schwacher Hitze ca. 20 Minuten köcheln lassen. Thunfisch kleinschneiden, zu der Soße geben, weitere 10 Minuten garen. Währenddessen Nudeln kochen, diese abgetropft in eine vorgewärmte Schüssel füllen, Thunfischsoße darübergießen.

NUDEL-BOLOGNESE

Zutaten:

Bolognese Soße:

100 g durchwachsener
Speck

etwas Olivenöl

1 Zwiebel

1 Selleriestange

1 Möhre

250 g Rinderhackfleisch

5 Tomaten

1/8 l Gemüsebrühe

1 Eßlöffel Tomatenmark

etwas Salz, Pfeffer und
Oregano

400 g Nudeln

etwas Parmesankäse

Zubereitung:

Speck würfeln, in heißem Öl goldbraun braten. Zwiebel fein hacken, Sellerie und Möhre klein schneiden, mitdünsten. Hackfleisch dazugeben, mit der Gabel zerkleinern, bräunen. Gewürfelte Tomaten, Gemüsebrühe, Tomatenmark zufügen, gut würzen.

Die Soße mindestens 1 Stunde köcheln lassen, zwischendurch umrühren. Die gekochten, abgetropften, noch heißen Nudeln in eine vorgewärmte Schüssel füllen, Bolognese-Soße darübergießen und mit Käse bestreuen.

SPARGEL-DELIKATESSE

Zutaten:

500 g Spargel

etwas Salz und

Zucker

400 g Bandnudeln

100 g gekochten Schinken

etwas Öl

3 Eigelb

$1/8$ l Milch

$1/8$ l süße Sahne

etwas Salz, Pfeffer und

geriebene Muskatnuß

50 g geriebener Hartkäse

Zubereitung:

Geschälten Spargel in kochendem Salzwasser (etwas Zucker zufügen) ca. 10 Minuten garen, danach abtropfen lassen. Den Spargel in etwa 4 cm lange Stücke schneiden. Die gekochten, abgetropften Nudeln in eine gefettete Auflaufform füllen. Schinkenstreifen in heißem Öl anbraten, mit dem Spargel vermischen, auf die Nudeln geben. Eigelb, Milch, Sahne, Gewürze gut verquirlen, über Spargel und Schinken gießen. Anschließend mit Käse bestreuen. Im vorgeheizten Backofen bei 200 Grad etwa 15 Minuten überbacken.

KRÄUTERNUDELN

1. Salbeinudeln

Zutaten:

400 g Spaghetti

20 frische Salbeiblättchen

etwas Olivenöl

150 g geriebener Hartkäse

Zubereitung:

Die Spaghetti kochen. Kleingeschnittene Salbeiblättchen
in heißem Öl anrösten. Abgetropfte Spaghetti in eine
Schüssel füllen und mit dem
Käse vermischen. Die gerösteten Salbeiblättchen auf den
Käse-Spaghetti verteilen.

2. Zitronennudeln

Zutaten:

400 g Nudeln

30 g Butter

1 Teelöffel Speisestärke

knapp $^{1}/_{8}$ l Gemüsebrühe

1 Eßlöffel Zitronensaft

1 Eigelb

2 Eßlöffel kleingehackte
Zitronenmelisse

1 Eßlöffel kleingehackter
Zitronenthymian

1 $^{1}/_{2}$ Becher süße Sahne

etwas Salz und Pfeffer

Zubereitung:

Nudeln kochen. In der Zwischenzeit die Soße zubereiten.
Butter schmelzen lassen, Speisestärke einrühren, mit Gemüsebrühe ablöschen sowie
den Zitronensaft dazugießen.
Das Eigelb verquirlen, die
Soße damit legieren. Kräuter
und Sahne zu der Soße geben,
gut würzen. Abgetropfte Nudeln in eine Schüssel füllen,
Zitronensoße untermischen.

Mohnnudeln

250 g gemahlener Mohn, 2 Eßlöffel Zucker,
2 Päckchen Vanillezucker vermischen.

1 Becher süße Sahne erwärmen, über den
gezuckerten Mohn gießen.

Etwa 20 Minuten quellen lassen.

In der Zwischenzeit 500 g Nudeln kochen,
abtropfen lassen.

Die Nudeln in etwas Butter schwenken
und auf Tellern anrichten.

Die Mohnmasse über die Nudeln geben
und mit Puderzucker bestäuben.

MAKKARONI-KUCHEN

Zutaten:

500 g Makkaroni
2 Stangen Lauch
300 g Tomaten
2 grüne Paprikaschoten
4 Eier
1 Becher süße Sahne
150 g geriebener Hartkäse
etwas Salz, Pfeffer und
Majoran
Schnittlauchröllchen oder
feingehackte Petersilie

Zubereitung:

Makkaroni kochen, abtropfen
lassen. Lauch in Ringe schneiden, kurz dünsten, zusam-
men mit den Tomatenscheiben
sowie Paprikastreifen unter
die Makkaroni mischen. Eier,
Sahne verquirlen, Hartkäse
einrühren, würzen und zu den
Gemüse-Makkaroni geben.

Alles gut vermengen. Die
Masse gleichmäßig in einer
gefetteten Springform verteilen. Im vorgeheizten Backofen
bei 200 Grad ca. 30 Minuten
backen. Vor dem Servieren
Schnittlauchröllchen oder feingehackte Petersilie darüberstreuen.

ZWERGEN-KLÖSSCHEN

Zutaten:

1 Zwiebel

etwas Öl

3 Tomaten

1/4 l Gemüsebrühe

2 Eßlöffel Tomatenmark

etwas Salz und Majoran

250 g Hackfleisch

1 Ei

2 Eßlöffel Semmelbrösel

1 Teelöffel Paprika

etwas Salz und Pfeffer

etwas Öl

400 g Bandnudeln

50 g Parmesankäse

Zubereitung:

Feingehackte Zwiebel in
heißem Öl glasig dünsten.
Gewürfelte Tomaten zufügen,
mit Gemüsebrühe ablöschen,
Tomatenmark einrühren und
gut würzen.

Die Tomatensoße bei schwacher Hitze ca. 30 Minuten köcheln lassen. In der Zwischenzeit die Klößchen zubereiten.
Hackfleisch, Ei, Semmelbrösel
und Gewürze vermischen.
Daraus kleine Klößchen formen, in heißem Öl anbraten.
Klößchen herausnehmen,
diese warm halten. Nudeln
kochen, abgetropft zusam-
men mit den Klößchen an-
richten. Tomatensoße dar-
übergießen, den Parmesan-
käse darauf verteilen.

GEMÜSE-NUDELN

Zutaten:

15 Lasagne-Platten

300 g Brokkoli

300 g Möhren

250 g Pilze

etwas Olivenöl

Soße:

30 g Butter

30 g Mehl

$1/4$ l Gemüsebrühe

$1/8$ l süße Sahne

50 g geriebener Hartkäse

etwas Salz, Pfeffer und

Oregano

50 g Parmesankäse

Zubereitung:

Lasagne-Platten wie Nudeln kochen. Diese nach dem Abtropfen einzeln auf einem Tuch trocknen lassen. Brokkoliröschen in Salzwasser kurz kochen. Möhren und Pilze fein schneiden, in heißem Öl dünsten. Anschließend mit dem Brokkoli vermischen.

Für die Soße Butter erhitzen, Mehl einrühren, mit Gemüsebrühe ablöschen. Bei schwacher Hitze einige Minuten köcheln lassen. Danach Sahne sowie Käse unterrühren (Käse schmelzen lassen), gut würzen. In eine gefettete Auflaufform abwechselnd Lasagne-Platten, Gemüse und etwas von der leicht abgekühlten Soße geben.

Beim Schichten beachten, daß zu Beginn wie auch als Abschluß Lasagne-Platten gelegt werden. Obenauf restliche Soße gießen, Parmesankäse darüberstreuen. Im vorgeheizten Backofen bei 200 Grad ca. 30 Minuten überbacken.

SPINAT-MAKKARONI

Zutaten:

300 g Makkaroni

3 Eier

1/4 Becher süße Sahne

etwas Salz, Pfeffer und

geriebene Muskatnuß

450 g Blattspinat

100 g Parmesankäse

125 g Mozzarella-Käse

Zubereitung:

Die Makkaroni kochen. Eier,
Sahne verquirlen, gut würzen.

Zusammen mit dem kleinge-
schnittenen, blanchierten
Spinat und dem Parmesan-
käse zu den Makkaroni
geben, alles vermischen. Die
Spinat-Makkaroni in eine
gefettete Auflaufform füllen,
Mozzarella-Käsescheiben darauf verteilen. Im vorgeheizten
Backofen bei 180 Grad etwa
15 Minuten überbacken.

BUNTE NUDELN

Zutaten:

250 g bunte Nudeln

150 g gekochten Schinken

300 g Tomaten

150 g geriebener Hartkäse

1 Becher süße Sahne

etwas Salz, Pfeffer und

Oregano

Zubereitung:

Nudeln kochen. Den Boden
einer gefetteten Auflaufform
mit einem Teil der Nudeln
belegen.

Darauf schichtweise zuerst
den in Streifen geschnittenen
Schinken geben, anschließend
die Tomatenscheiben, darüber
die Hälfte des Käses streuen.
Mit den Nudeln abdecken.
Sahne, Gewürze, restlichen
Käse verrühren und auf dem
Auflauf verteilen. Im vorgeheizten Backofen bei 200 Grad
ca. 25 Minuten überbacken.

SAUERKRAUT-NUDELGERICHT

Zutaten:

15 Lasagne-Platten
1 Zwiebel
etwas Öl
500 g Sauerkraut
2 rote Paprikaschoten
2 Eßlöffel Tomatenmark
$1/8$ l Gemüsebrühe
1 Becher Crème fraîche
100 g geriebener Hartkäse

Zubereitung:

Lasagne-Platten wie Nudeln kochen. Diese nach dem Abtropfen einzeln auf einem Tuch trocknen lassen. Feingehackte Zwiebel in heißem Öl glasig dünsten, Sauerkraut und den in Streifen geschnittenen Paprika dazugeben, mitdünsten.

Tomatenmark einrühren, mit der Gemüsebrühe ablöschen. Bei schwacher Hitze etwa 20 Minuten köcheln lassen. Anschließend Crème fraîche unterziehen. In eine gefettete Auflaufform abwechselnd Lasagne-Platten sowie Sauerkrautmasse füllen.

Beim Schichten mit Lasagne-Platten beginnen. Sauerkraut als letzte Lage daraufgeben. Zum Schluß Käse über das Sauerkraut-Nudelgericht streuen. Im vorgeheizten Backofen bei 180 Grad ca. 40 Minuten überbacken.

Grundrezept Spätzlesteig

Zutaten:
Entsprechend den Angaben beim jeweiligen Rezept

Zubereitung:
Mehl, Eier, Salz, Wasser verrühren und zu einem zähen Teig schlagen bis er Blasen wirft. 4 l Wasser mit etwas Salz zum Kochen bringen. In die Spätzlespresse Teig füllen, diesen in das kochende Wasser drücken (statt der Spätzlespresse kann auch ein Spätzleshobel verwendet werden). Die Spätzle, sobald sie hochsteigen mit einem Schaumlöffel herausnehmen, durch frisches, heißes Wasser ziehen und gut abgetropft in eine Schüssel geben.

Spätzle sind ein echtes schwäbisches Gericht. Ganz typisch für das Schwabenland sind die handgeschabten Spätzle. Hierzu einen kleinen Teil des Teiges auf das nasse Spätzlesbrett geben. Dieses leicht schräg über den Topfrand halten. Den Teig dünn zum Brettrand hin glattstreichen und entweder mit einem Spätzlesschaber oder einem etwas längeren Messer dünne Teigstreifen in das kochende Salzwasser schaben (Schaber bzw. Messer immer wieder in das Wasser tauchen). Auf den folgenden Seiten gibt es nun für unsere Zwergenstübchenfreunde schmackhafte Kostproben aus der vielseitigen Spätzlesküche.

Zutaten:
400 g Mehl
4 Eier
etwas Salz
ca. $\frac{1}{8}$ l Wasser
40 g Butter
1 Becher süße Sahne
2 Eßlöffel Essig

Zubereitung:
Mehl, Eier, Salz, Wasser zu einem Spätzlesteig verarbeiten. Die Spätzle nach dem Grundrezept zubereiten. Anschliessend in eine vorgewärmte Schüssel füllen. Für die Soßenzubereitung Butter schmelzen lassen, unter Rühren Sahne zugeben und erhitzen. Danach den Essig einrühren. Vor dem Servieren die Soße über die Spätzle gießen.

GURKENSPÄTZLE

Zutaten:

350 g Mehl

4 Eier

etwas Salz

ca. 1/8 l Wasser

1 Zwiebel

etwas Butter

1 Salatgurke

1 Eßlöffel Mehl

1 Tasse Wasser

etwas Salz, Pfeffer
und Dill

1 Eßlöffel Kräuteressig

2 Eßlöffel saure Sahne

Zubereitung:

Mehl, Eier, Salz, Wasser zu einem Spätzlesteig verarbeiten. Bevor man die Spätzle nach dem Grundrezept Seite 40 fertig zubereitet wird die Gurkengemüse-Soße hergestellt. Hierfür kleingehackte Zwiebel in heißer Butter glasig dünsten. Die feingehobelten Gurkenscheiben zugeben, kurz mitdünsten.

Das Mehl darüberstäuben, gut umrühren, mit Wasser ablöschen und würzen. Bei schwacher Hitze ca. 10 Minuten köcheln lassen (in der Zwischenzeit die Spätzle kochen). Zum Schluß Essig sowie Sahne unter die Gurkengemüse-Soße ziehen. Diese über die heißen Spätzle gießen.

Die Gurkenspätzle sind ein besonders leckeres Zwergenstübchengericht. Ebenso gut schmeckt es, wenn statt der Gurkenscheiben Zucchini verwendet werden. Ausprobieren lohnt sich, wir wünschen Guten Appetit!

JEDEM SPATZ SEIN SPÄTZLE

1. Krautspätzle

Zutaten:
1 Zwiebel
etwas Öl
300 g Sauerkraut
etwas Kümmel
einige Wacholderbeeren
$1/8$ l Gemüsebrühe
300 g Mehl
3 Eier
etwas Salz
ca. $1/8$ l Wasser
etwas Butter

Zubereitung:
Kleingehackte Zwiebel in heißem Öl glasig dünsten. Sauerkraut, Kümmel, Wacholderbeeren kurz mitdünsten. Gemüsebrühe dazugeben, zugedeckt bei schwacher Hitze ca. 20 Minuten garen.

Mehl, Eier, Salz, Wasser zu einem Spätzlesteig verarbeiten. Die Spätzle nach dem Grundrezept Seite 40 zubereiten. In eine gefettete Auflaufform schichtweise abwechselnd Spätzle sowie Sauerkraut füllen. Zum Schluß als letzte Lage Spätzle, Butterflöckchen darauflegen. Im vorgeheizten Backofen bei 180 Grad ca. 15 Minuten überbacken. In der Zwischenzeit Zwiebelringe in heißer Butter goldbraun rösten und vor dem Servieren über den Krautspätzle verteilen.

2. Käsespätzle

Zutaten:
500 g Mehl
5 Eier
etwas Salz
ca. $1/4$ l Wasser
200 g geriebener Hartkäse
80 g Butter
2 Zwiebeln

Zubereitung:
Mehl, Eier, Salz, Wasser zu einem Spätzlesteig verarbeiten. Die Spätzle nach dem Grundrezept Seite 40 zubereiten. In eine vorgewärmte Schüssel schichtweise Spätzle und Käse füllen. Zum Schluß als letzte Lage Spätzle, darüber die in heißer Butter gerösteten Zwiebelstückchen geben. Die Käsespätzle schmecken am allerbesten, wenn sie heiß gegessen werden.

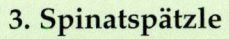

3. Spinatspätzle

Zutaten:
400 g Mehl
4 Eier
etwas Salz
etwas Wasser
200 g pürierter Spinat
etwas Butter

Zubereitung:
Einen sehr festen Spätzlesteig
aus Mehl, Eiern, Salz, Wasser
herstellen (da der Spinat
reichlich Flüssigkeit enthält).
Den Spinat dazugeben, gut
in den Teig einarbeiten. Die
grünen Spätzle nach dem
Grundrezept Seite 40 zubereiten. Diese in eine vorgewärmte Schüssel geben und
mit zerlassener, heißer Butter
übergießen.

4. Paprikaspätzle

Zutaten:
400 g Mehl
4 Eier
etwas Salz
ca. $1/8$ l Wasser
2 Eßlöffel Paprikapulver
etwas Butter

Zubereitung:
Mehl, Eier, Salz, Wasser und
Paprikapulver zu einem Spätzlesteig verarbeiten. Die roten
Spätzle nach dem Grundrezept
Seite 40 zubereiten. Diese in
eine vorgewärmte Schüssel
geben und mit zerlassener,
heißer Butter übergießen.

KRÄUTERSPÄTZLE

Zutaten:

350 g Mehl

4 Eier

etwas Salz

ca. $^1/_8$ l Wasser

1 Bund Petersilie

1 Bund Schnittlauch

1 Becher süße Sahne

150 g geriebener Hartkäse

etwas Salz und Pfeffer

Zubereitung:

Mehl, Eier, Salz, Wasser zu einem Spätzlesteig verarbeiten. Die Spätzle nach dem Grundrezept Seite 40 zubereiten. Danach Petersilie fein hacken und Schnittlauch in kleine Röllchen schneiden. Kräuter, Sahne, Käse unter die fertigen Spätzle mischen, gut würzen. Alles in eine gefettete Auflaufform füllen. Im vorgeheizten Backofen bei 180 Grad ca. 25 Minuten backen.

LEBERSPÄTZLE

FEINE ZWERGEN-KNÖPFLE

Zutaten:

250 g Mehl

2 Eier

250 g feingehackte
Rinds- oder Kalbsleber

etwas Salz und Majoran

3 Eßlöffel kleingehackte
Petersilie

evtl. etwas Wasser

1 Zwiebel

etwas Butter

Zubereitung:

Mehl, Eier, Leber, Gewürze und
evtl. etwas Wasser zu einem
Spätzlesteig verarbeiten, nach
dem Grundrezept Seite 40 zubereiten. Die Spätzle in eine
vorgewärmte Schüssel füllen.
Zwiebelringe in heißer Butter
rösten, vor dem Servieren
über die Leberspätzle geben.

Zutaten:

500 g Mehl

5 Eier

etwas Salz

ca. $1/4$ l Wasser

250 g Bratwurstbrät

1 Bund Petersilie

Zubereitung:

Die Knöpfle gehören ebenfalls
zu den Spätzle.

Auch hier aus Mehl, Eiern,
Salz, Wasser einen Spätzlesteig herstellen (Grundrezept
Seite 40). In diesen Bratwurstbrät sowie feingehackte Petersilie einarbeiten. Mit einem
Teelöffel kleine Teigmengen
(Knöpfle) abstechen und in
das kochende Salzwasser geben (ansonsten die Knöpfle
wie Spätzle kochen).

Eine weitere Knöpfle-Varia-
tion bekommt man, indem
das Bratwurstbrät durch kleingeschnittene, gerauchte Schinkenwurst ausgetauscht wird.
In einer Fleisch- oder Gemüsebrühe sind die Knöpfle eine
gute Suppeneinlage. Ebenso
fein schmecken die Zwergen-
Knöpfle mit verquirlten Eiern
in heißer Butter angebraten.

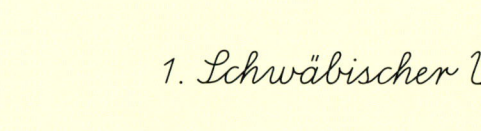

Herzhafte Nudelsalate

1. Schwäbischer Vespersalat

Zutaten:

250 g Hörnchennudeln, 100 g Hartkäse, 1 rote Paprikaschote,
3 Gewürzgurken, 100 g süßsauer eingelegter Kürbis, 100 g roher
Schinken, etwas Öl und Gurkenessig, etwas Salz und Pfeffer

Zubereitung:

Nudeln kochen, abtropfen lassen. Käse, Paprika, Gurken, Kürbis
sowie Schinken in kleine Würfel schneiden, mit den abgekühlten
Nudeln vermischen. Danach die aus Öl, Essig, Salz und Pfeffer
zubereitete Salatsoße unterziehen.

2. Tortellinisalat

Zutaten:

250 g Tortellini

200 g Erbsen

300 g Champignons

etwas Öl

$1/2$ Bund Petersilie

1 Zwiebel

125 g Quark

1 Becher Joghurt

etwas Öl und Essig

etwas Salz, Pfeffer und

Salatkräuter

Zubereitung:

Tortellini kochen, abtropfen lassen. Erbsen in Salzwasser garen. Halbierte Champignons in heißem Öl anbraten. Abgekühlte Tortellini, Erbsen, Champignons, gehackte Petersilie, kleingeschnittene Zwiebel vermischen und auf eine Platte geben. Darüber die gut verrührte Salatsoße aus Quark, Joghurt, Öl, Essig, Gewürze gießen. Den Tortellinisalat mit gehackter Petersilie bestreuen.

3. Rädchensalat

Zutaten:

250 g Rädchennudeln

1 Salatgurke

2 Möhren

1 Stange Lauch

1 Becher Crème fraîche

etwas Kräutersalz, Pfeffer
und Dill

etwas Kräuteressig

Zubereitung:

Nudeln kochen, abtropfen lassen. Die Gurke grob raspeln, Möhren in dünne Scheiben sowie Lauch in feine Ringe schneiden. Für die Salatsoße Crème fraîche, Gewürze, Essig verrühren, mit den abgekühlten Nudeln und dem Gemüse vermischen. Den Salat vor dem Servieren durchziehen lassen.

4. Schmetterlingssalat

Zutaten:

200 g Schmetterlingsnudeln

500 g Spargel

250 g Erbsen

100 g Schinken

2 hartgekochte Eier

3 Eßlöffel Mayonnaise

2 Becher Naturjoghurt

etwas Kräutersalz und

Pfeffer

etwas Kräuteressig

Zubereitung:

Nudeln kochen, abtropfen lassen. Den geschälten Spargel in kochendem Salzwasser (etwas Zucker zufügen) ca. 10 Minuten garen. Diesen abgetropft in etwa 3 cm lange Stücke schneiden. Erbsen ebenso in Salzwasser kochen. Alle Zutaten nach dem Abkühlen weiterverarbeiten. Nudeln, Gemüse, Schinkenstreifen sowie die in Würfel geschnittenen Eier vermischen. Die gut verrührte Salatsoße aus Mayonnaise, Joghurt, Salz, Pfeffer und Essig unterziehen.

GEFÜLLTER PAPRIKA

Zutaten:
1 Zwiebel
etwas Olivenöl
4 Tomaten
$1/8$ l Gemüsebrühe
etwas Salz, Pfeffer
und Oregano
80 g Thunfisch
8 Oliven ohne Stein
4 große Paprikaschoten
150 g Reisnudeln
25 g Parmesankäse

Zubereitung:
Feingehackte Zwiebel in heißem Öl glasig dünsten. Gewürfelte Tomaten sowie Gemüsebrühe dazugeben, gut würzen. Die Soße etwas einkochen lassen. Danach den zerkleinerten Thunfisch und die feingeschnittenen Oliven unterrühren.

In der Zwischenzeit Paprikaschoten der Länge nach halbieren, Kerne und Stiele entfernen, ca. 5 Minuten blanchieren. Alle abgetropften Paprikahälften in eine gefettete Auflaufform setzen, mit Salz und Pfeffer würzen. Anschließend die gekochten, abgetropften Nudeln in die Paprikahälften füllen, die Soße darauf verteilen, zuletzt Parmesankäse darüberstreuen. Im vorgeheizten Backofen bei 200 Grad ca. 15 Minuten überbacken.

GEFÜLLTE TOMATEN

Zutaten:
8 Fleischtomaten
1 Zwiebel
etwas Olivenöl
$1/8$ l Gemüsebrühe
etwas Salz, Pfeffer,
Basilikum und Petersilie
100 g Champignons
80 g Mozzarella-Käse
200 g kleine Nudeln
z.B. Faden-, Buchstaben-,
Muschel-, Sternchennudeln
25 g Parmesankäse

Zubereitung:
Von jeder Tomate einen Deckel abschneiden, alle aushöhlen (Deckel und Fruchtfleisch werden für die Soße verwendet).

Die Tomaten in eine gefettete Auflaufform stellen, mit Salz und Pfeffer würzen. Feingehackte Zwiebel in heißem Öl glasig dünsten. Zerkleinerte Tomatendeckel, Fruchtfleisch sowie Gemüsebrühe dazugeben, gut würzen. Die Soße etwas einkochen lassen. Blättrig geschnittene Champignons, gewürfelter Mozzarella unterrühren. In der Zwischenzeit Nudeln kochen, abtropfen lassen. Anschließend in die Tomaten jeweils eine Lage Nudeln füllen, etwas Soße daraufgeben, nochmals Nudeln und zuletzt Soße, diese mit Parmesan bestreuen. Im vorgeheizten Backofen bei 200 Grad etwa 15 Minuten überbacken.

DER ZWERGEN-KÜCHENCHEF EMPFIEHLT HEUTE

1. Sahnenudeln

Zutaten:
1 Zwiebel
etwas Öl
350 g geschnetzeltes
Kalb- oder Putenfleisch
1 Becher süße Sahne
$1/4$ l Gemüsebrühe
etwas Salz, Pfeffer und
geriebene Muskatnuß
150 g Sahneschmelzkäse
etwas Mehl
250 g Nudeln

Zubereitung:
Feingehackte Zwiebel in heissem Öl glasig dünsten. Das Fleisch dazugeben und anbraten. Mit Sahne sowie Gemüsebrühe ablöschen, gut würzen.

Den Topf vom Herd nehmen, Käse einrühren, schmelzen lassen. Die Soße evtl. mit etwas Mehl andicken. Die gekochten, abgetropften, noch heißen Nudeln in eine Schüssel füllen, das Geschnetzelte darüber verteilen.

2. Kartoffelnudeln

Zutaten:
1 kg Kartoffeln
250 g Bandnudeln
2 Zwiebeln
etwas Öl
2 Eßlöffel Paprikapulver
etwas Pfeffer
1 $1/2$ Becher süße Sahne

Zubereitung:
Geschälte, geviertelte Kartoffeln in Salzwasser garen. Nudeln kochen, abtropfen lassen. Feingehackte Zwiebeln in heissem Öl glasig dünsten, Paprikapulver und Pfeffer einrühren. Anschließend die leicht zerdrückten Kartoffeln sowie die Nudeln zu den Paprikazwiebeln geben, alles gut vermischen. Die Kartoffel-Nudeln auf den Tellern anrichten und mit etwas erwärmter Sahne übergießen.

3. Lachsnudeln

Zutaten:
300 g Lachsfilet
etwas Salz
Saft einer Zitrone
etwas Butter
1 1/2 Becher süße Sahne
1 Becher Crème fraîche
100 ml Wasser
etwas Salz, Pfeffer
und Salbei
350 g Nudeln

Zubereitung:
Das Lachsfilet mit Salz und etwas Zitronensaft einreiben. Dieses in feine Streifen schneiden, anschließend in heißer Butter leicht anbraten. Für die Zubereitung der Soße alle Lachsstreifen herausnehmen und Sahne, Crème fraîche, Wasser einrühren. Bei schwacher Hitze ca. 10 Minuten köcheln lassen, gut würzen sowie den restlichen Zitronensaft dazugeben. Die gekochten, abgetropften Nudeln mit der Soße vermischen, den Lachs vorsichtig unterheben.

54

SCHINKENNUDELN

Zutaten:

300 g Nudeln

2 Zwiebeln

etwas Öl

1 Eßlöffel Mehl

1/4 l Gemüsebrühe

1 Becher süße Sahne

100 g geriebener Hartkäse

200 g Lachsschinken

1 Bund Petersilie

etwas Salz und Pfeffer

Zubereitung:

Die Nudeln kochen. Feingehackte Zwiebeln in heißem Öl glasig dünsten, Mehl darüberstäuben, hellgelb anschwitzen. Mit Gemüsebrühe ablöschen, Sahne einrühren und kurz aufkochen. Anschließend die Zwiebelsoße vom Herd nehmen, etwa 50 g Käse dazugeben, diesen unter Rühren schmelzen lassen. Den in feine Streifen geschnittenen Schinken, kleingehackte Petersilie sowie die abgetropften Nudeln untermischen, gut würzen. Alles in eine gefettete Auflaufform füllen, mit dem restlichen Käse bestreuen. Im vorgeheizten Backofen bei 200 Grad ca. 30 Minuten überbacken.

GRÜNE NUDELSUPPE

Zutaten:

250 g Lauch

etwas Öl

150 g Blattspinat

300 g Bohnen

1 $\frac{1}{4}$ l Gemüse- oder

Fleischbrühe

100 g grüne Nudeln

1 Eigelb

$\frac{1}{2}$ Becher süße Sahne

etwas Salz und Pfeffer

Zubereitung:

Feingeschnittene Lauchringe
in heißem Öl andünsten.
Spinat, Bohnen klein schneiden, kurz mitdünsten. Brühe
dazugeben, das Gemüse ca.
5 Minuten garen. Die gekochten, abgetropften Nudeln
untermischen. Eigelb, Sahne,
Gewürze verquirlen, die
Suppe damit legieren.

Zutaten:

1 Zwiebel

etwas Olivenöl

500 g Tomaten

2 Eßlöffel Tomatenmark

$1/4$ l Gemüsebrühe

etwas Salz, Pfeffer und

Basilikum

1 Eßlöffel Crème fraîche

400 g Nudelnester

50 g Parmesankäse

Zubereitung:

Zuerst die Tomatensoße für die Nudel-Nestchen zubereiten. Kleingeschnittene Zwiebel in heißem Öl glasig dünsten. Gewürfelte Tomaten, Tomatenmark, Gemüsebrühe dazugeben und bei schwacher Hitze etwa 30 Minuten köcheln. Mit den Gewürzen abschmecken. Zum Schluß Crème fraîche unterziehen. Währenddessen Nudeln kochen, abtropfen lassen. Entweder auf einem gefetteten Backblech oder einer Gratinform die Nudel-Nestchen formen (zwei Gabeln zu Hilfe nehmen). Tomatensoße in die Nestchenmitte füllen und Parmesankäse darüberstreuen. Im vorgeheizten Backofen bei 200 Grad ca. 10 Minuten überbacken.

SCHLARAFFENLAND-SUPPE

Zutaten:

1 Zwiebel

etwas Öl

300 g Kartoffeln

250 g Möhren

250 g Stangensellerie

1 Stange Lauch

1 ½ l Gemüse- oder

Fleischbrühe

150 g kleine Nudeln

z.B. Hörnchen, Muscheln

3 Tomaten

200 g Erbsen

etwas Salz, Pfeffer,

Majoran und Liebstöckel

1 Bund Petersilie

Zubereitung:

Feingehackte Zwiebel in heissem Öl glasig dünsten. Kleingewürfelte Kartoffeln, Möhren, feingeschnittenen Sellerie und Lauch dazugeben, mitdünsten.

Danach mit Brühe auffüllen, 10 Minuten kochen lassen. Nun die Nudeln, Tomatenstückchen, Erbsen zufügen, in weiteren 10 Minuten fertig garen, gut würzen. Vor dem Servieren kleingehackte Petersilie darüberstreuen.

SÜSSE PFIRSICH-NUDELN

Zutaten:

250 g Nudeln

2 Päckchen Vanillezucker

1 l Milch

1 Dose Pfirsiche

100 g Zwieback

2 Eßlöffel Zucker

1 Teelöffel Zimt

60 g Butter

Zubereitung:

Nudeln, Vanillezucker in die kochende Milch geben (den Topf zuvor gut einfetten, damit die Milch nicht anbrennt). Die Nudeln nach dem Garen abtropfen lassen und in eine gefettete Quiche- oder Auflaufform füllen. Abgetropfte Pfirsiche darauflegen.

Den gemahlenen Zwieback mit Zucker, Zimt sowie zerlassener Butter vermischen, über den Pfirsich-Nudeln verteilen. Im vorgeheizten Backofen bei 200 Grad ca. 20 Minuten backen.

INHALT   Seite

Die erfolgreichen

Elke und Timo Schuster
Margret Hoss
Nudelzauber
64 S. / gebunden
29,7 x 21 cm
€ (D) 9,95 € (A) 10,30
ISBN 978-3-7806-2002-6

Elke und Timo Schuster
Johanna Ignjatovic
Backgeheimnisse
64 S. / gebunden
29,7 x 21 cm
€ (D) 9,95 € (A) 10,30
ISBN 978-3-7806-2000-2

Elke und Timo Schuster
Margret Hoss
Backen für Freunde
64 S. / gebunden
29,7 x 21 cm
€ (D) 9,95 € (A) 10,30
ISBN 978-3-7806-2004-0

Elke und Timo Schuster
Margret Hoss
Kartoffelkiste
64 S. / gebunden
29,7 x 21 cm
€ (D) 9,95 € (A) 10,30
ISBN 978-3-7806-2003-3

Elke und Timo Schuster
Margret Hoss
Kochen für Freunde
64 S. / gebunden
29,7 x 21 cm
€ (D) 9,95 € (A) 10,30
ISBN 978-3-7806-2005-7

Elke und Timo Schuster
Margret Hoss
Rezepte für Feste
64 S. / gebunden
29,7 x 21 cm
€ (D) 9,95 € (A) 10,30
ISBN 978-3-7806-2021-7

Elke und Timo Schuster
Margret Hoss
Aufläufe & Co.
64 S. / gebunden
29,7 x 21 cm
€ (D) 9,95 € (A) 10,30
ISBN 978-3-7806-2001-9

Elke und Timo Schuster
Margret Hoss
Suppen & Eintöpfe
64 S. / gebunden
29,7 x 21 cm
€ (D) 9,95 € (A) 10,30
ISBN 978-3-7806-2015-6

Elke und Timo Schuster
Margret Hoss
Reisküche
64 S. / gebunden
29,7 x 21 cm
€ (D) 9,95 € (A) 10,30
ISBN 978-3-7806-2009-5

Koch- und Backbücher

Elke und Timo Schuster
Margret Hoss
Torten-ABC
64 S. / gebunden
29,7 x 21 cm
€ (D) **9,95** € (A) 10,30
ISBN 978-3-7806-2014-9

Elke und Timo Schuster
Eva Zeidler und Manfred Rohrbeck
Plätzchen
64 S. / gebunden
29,7 x 21 cm
€ (D) **9,95** € (A) 10,30
ISBN 978-3-7806-2013-2

Elke und Timo Schuster
Margret Hoss
Feine Waffeln - Tolle Muffins
64 S. / gebunden
29,7 x 21 cm
€ (D) **9,95** € (A) 10,30
ISBN 978-3-7806-2023-1

Elke und Timo Schuster
Margret Hoss
Weihnachtsbäckerei
mit Ausstechförmchen
64 S. / gebunden / 22,2 x 38,2 cm
€ (D) **14,95** € (A) 10,30
ISBN 978-3-7806-1070-6

ohne Förmchen
64 S. / gebunden / 29,7 x 21 cm
€ (D) **9,95** € (A) 10,30

Elke und Timo Schuster
Eva Zeidler und Manfred Rohrbeck
Rezept-Adventskalender
42 x 31 cm
24 Rezepte zum Herausnehmen
€ (D) **12,95** € (A) 13,40
ISBN 978-3-7806-2030-9

Elke und Timo Schuster
Margret Hoss
Geburtstagsbuch
64 S. / gebunden
29,7 x 21 cm
€ (D) **9,95** € (A) 10,30
ISBN 978-3-7806-2010-1

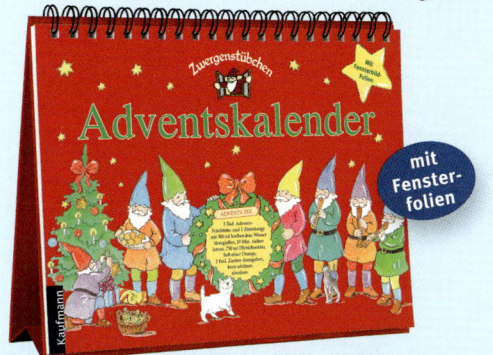

Elke und Timo Schuster
Daniela Pohl
Adventskalender
48 S. / Spiralbindung
28 x 21 cm
€ (D) **14,95** € (A) 15,40
ISBN 978-3-7806-2008-8

Meine Nudelrezepte

Verantwortlich: Elke und Timo Schuster
Illustration: Margret Hoss
Fotografie: Axel Waldecker

Der Inhalt dieses Buches ist vom Verlag sorgfältig erwogen und geprüft, dennoch kann eine Garantie nicht übernommen werden. Eine Haftung des Verlages für Personen-, Sach- und Vermögensschäden ist ausgeschlossen.

Bibliografische Information der Deutschen Bibliothek
Die Deutsche Bibliothek verzeichnet diese Publikation in der Deutschen Nationalbibliografie; detaillierte bibliografische Daten sind im Internet über http://dnb.ddb.de abrufbar.

4. Auflage 2014
© 2013 Verlag Ernst Kaufmann, Lahr

Druck und Bindung: Himmer AG, Augsburg
ISBN 978-3-7806-2002-6

www.zwergenstuebchen-schuster.de